はじめに

今、日本の社会はさまざまな問題にさらされています。子育ての不安、子どもの虐待、貧困、高齢者の孤立、凶悪犯罪の増加、人口減少による地域の衰退、地球の温暖化……。日本の未来は大丈夫だろうか――。私たちは幸せに生きられるのか――。そうした不安が、現在の日本の少子化の理由の一つなのかもしれません。

私は長年、児童養護施設の施設長・理事長として福祉の世界で生きてきました。定年退職後は、地元でのボランティアやサロンの開設など、地域の方々とコミュニケーションを図り、地域のために役立つことを心がけて活動を続けてきました。

そうした中で見えてきたのは、〝地域〟と〝人〟の可能性です。

地域に生きる私たち市民が、周囲に起こっている課題や困り事の問題と向き合い、しっかりと自分事として捉え、「もっと暮らしやすいまちにしたい」「犯罪のない安全なまちにしたい」「高齢者に優しいまちにしたい」など、自分たちが思い描く未来を一人ひとりが心から願って行動すれば、必ず地域は変わっていきます。

ほんのちょっと意識を変えて、ほんのちょっと行動を変えれば、自分たちが暮らす地域の未来にきちんと日々の幸せをつくることはできます。

この本は、私たちが当たり前に暮らしている自分たちの地域と自分たちの行動をもう一度見直し、自分たちにできることを考えるヒントにしてほしいと願い、私の思いを十二の提言としてまとめたものです。

この本をきっかけにして少しずつ〝人〟と〝地域〟が変わっていけば、きっと日本の将来はもっと幸せなものになると信じています。

目次

提言1

――社会――

犯罪者を生み出さない
社会をつくるには、
地域と家族の支援が欠かせない。

なぜ世の中には不幸な事件が後を絶たないのか

日々、新聞やテレビ、SNSなどのニュースに触れていると、世の中には次々と辛く悲しい事件が起こっていることを感じずにはいられません。悲惨な事件によって体や心を傷つけられ、あるいは命まで奪われてしまう被害者の方や、愛する人を失い深い悲しみに苛まれる家族を生み出してしまっている現実があることに、心が締め付けられるような思いです。

近年、日本国内で起きた痛ましい事件を記憶の限りで振り返ってみても、次から次へと思い浮かびます。二〇〇八（平成二十）年に東京・秋葉原で起きた通り魔殺人事件。歩行者天国で人があふれる道路で犯人は無差別にナイフで殺傷し、十七名の死傷者を出しました。二〇一六（平成二十八）年の相模原市の知的障害者福祉施設、津久井やまゆり園で発生した殺傷事件では、以前施設に勤務していた男が入居者を襲い、十九名が命を落としました。二〇一九（令和元）年に起きた京都アニメーション放火事件では、まったくの逆恨みからアニメ制作会社のスタジオにガソリンをまいて放火し、勤務していた社員三十六名が死亡、三十三名が重軽傷を負うという大惨事を引き起こしました。

どうしてこのような事件が起こってしまうのでしょうか。いえ、そもそもこの地球上では今も戦禍が絶えず、人々が憎しみ合い、殺し合う現実があります。そうした現実に直面してしまうと、人間とは何て恐ろしいものなのか、罪を犯し、相手を傷つけることは人間の性なのか……と悲しい気持ちにさえもなってしまうのです。

今を生きている私たちの多くは、戦争のない世界を望み、犯罪を起こす人のいない安心して暮らせる社会を求めています。しかし現実には、毎日どこかで戦闘や、事件・事故が起こり、悲しい思いをする人が生まれてきてしまっているのです。

では、こうした社会を私たちは受け入れるしかないのでしょうか。犯罪のない社会にするために、私たちにできることはないのでしょうか。

その方法を解き明かすには、人はなぜ罪を犯すのかを考える必要があります。何の罪もないたくさんの人の命を奪うような凶悪な事件を起こす犯人たちは、いったい何を考え、何のために事件を起こすのか。その疑問に対し犯罪心理学の専門家は、人が罪を犯す要因として、「個人的要因」と「環境的要因」に大別できると指摘しています。

「個人的要因」とは性格や価値観の偏りなどであり、「環境的要因」とは家庭などの育ちの環境であり、この二つの要因が重なり合うことで社会生活の生き辛さになって、犯罪へと向かわせる心理を醸成しやすくなるのだといいます。

近年ではＳＮＳが発展し、さまざまな情報が拡散されます。一つ事件が起こり犯人の名前が広がれば、その犯人の生い立ちや家族構成、学歴から子ども時代の性格まで、本来なら一般の人にはさらされるはずのなかった個人情報が真実も虚偽も含めて拡散され、世間の犯人像がつくり上げられていきます。

確かにこのような情報から重大な犯罪を起こす人たちの背景を見ると、人生でさまざまな不遇を経験していることが多いことがわかります。経済的に苦しい家庭に生まれたり、家族からの愛情が満たされていなかったり、社会から疎外される経験をしていたり……。そうした人生の反動から、その怒りをまったく無関係の他者に向かわせて、大きな犯罪を引き起こしてしまうのかもしれません。

しかし「個人的要因」と「環境的要因」が重なったからといって、必ずしも誰もが犯罪を行うわけではありません。むしろ一般的には多くの人は犯罪を行わず、ほんの一握りの人たちだけが社会の道から逸れてしまっているとも考えられます。

〝無敵の人〟が増えている

「環境的要因」に関して、思うことがあります。

私は七歳で終戦を迎えましたが、その当時、同級生の中には戦争で親を亡くした戦争孤児が何人もいました。高知県の田舎でしたので幸いにも終戦直後も衣食住に困ることはありませんでしたが、東京や大阪などの大都市では行く場所もない浮浪児たちがあふれ、生きるためにはひったくりなどの犯罪に手を染めざるを得ない子どもたちもたくさんいたと聞きます。

また、私は中学時代から福祉に関心を持ち、年下の子どもたちと関わるボランティア活動に目覚め、高校を卒業するとすぐに児童養護施設で働き始めました。ここの子どもたちは親を亡くしていたり、親が子育てをできないなど、さまざまな事情があって施設に預けられていて、けっして恵まれた環境とは言えませんでした。

施設で働き始めた頃は、心が荒んで問題行動を起こしたり、学校から呼び出しのある子どももいましたが、じっくりと向き合っているうちにだんだんと心が落ち着いてきて、みんなしっかりと社会へ自立して巣立っていくことができました。

昭和の頃の若者たちは、貧しくてもそれが当たり前。努力をすれば社会で認められ、暮らしは豊かになり、新しい家族を作って幸せに暮らしていく、そんな未来が当たり前のように描ける時代であったのでしょう。

子どもの頃はけっして恵まれた環境でなくても、人は未来への希望があれば、まっすぐと育つことができることを、私自身の体験として知っています。

近年、インターネットから誕生した〝無敵の人〟という言葉があります。これは社会的に失うものが何もないため、犯罪を起こすことに何も躊躇しない人を指すのだそうです。いわゆる怖いもの知らず、です。家族や周囲に支えられない社会から孤立した人たちが、もうどうにでもなれと爆発する。先に挙げたような多くの無関係な人を巻き込んだ犯罪は、こうした〝無敵の人〟の暴走によって起こされたという指摘もあります。

人生において失うものは何もないと考える〝無敵の人〟たちが、日本のみならず世界でも増加する傾向にあるとも言われています。

罪を犯す人々の背景には個々に異なるさまざまな問題がありますが、今のような人と人とのつながりが上手に機能しない時代が、未来への夢が見いだせずに人生に絶望し、犯罪者を生み出す世の中になってはいないか、と危惧するのです。

人と人とのつながりを、令和の世の中にもう一度、再生していくことが、犯罪のない社会をつくるためにはとても大切なことなのです。

人と人とのつながりが犯罪の心を抑止する

社会の安全や平和は、人々が法律やルールを守ることで成り立っています。

たとえば自動車は左側通行で走り、赤信号なら停まります。もしこれを守らずに一人だけ道路の右側を走ったり、赤信号なのに交差点に進入したら、大事故を引き起こします。それは他人を怪我させるだけでなく、自分も大怪我を負ったり、警察に捕まって刑罰を受けることになるかもしれません。

私たちは一般的に、自分の身を守るためにルールを守り、罪を犯さないように気を付けながら暮らします。それは自分の今ある暮らしを守ることでもあるからです。

ところが犯罪を行う人は、なぜかこの一線を飛び越えてしまうのです。

犯罪をしようと考える人は、もし自分が罪を犯したらどうなるかを予測し、そのメリットがデメリットを上回った時に行動に移します。普通の人は、罪を犯して捕まればさまざまなものを失うことを知っています。仕事、周りの人からの信用、家族の信頼など、これまでの人生で築いてきたものが一瞬で失うと考えれば、悪事に手を染めてしまう前に踏みとどまることもできるでしょう。

しかし実際に罪を犯す人は、失ったら困る大切なものがあまりなく、罪を犯して得られるメリット。たとえばお金に困っている人は、強盗をしてお金を入手できるというメリットに固執し、多分捕まらないだろう、捕まっても大した罪にならないだろうと、自分に都合よく解釈をして、犯罪に向かってしまうのです。

それでも私は、一人ひとりの力はわずかでも、罪を犯してしまうかもしれない人に対して、心のブレーキを踏ませるためにできることはあると考えています。

たとえば、飲酒運転をする人は、お酒を飲んで車を運転することは法律で禁じられていると知っていても、これくらいなら大丈夫だ。事故さえ起こさなければバレることはないだろうと思ってしまうのでしょう。

でももしあなたが飲酒運転で事故を起こしたらどうなるか。

その時に大切な家族がいれば、信頼されている仕事に就いていれば、仲の良い友達がいれば、大好きな趣味があったら……、そのすべてが失われるときちんと想像することで心のブレーキがしっかりとかかるはずです。

私は長年、交通安全活動を行ってきました。そしてずっと無事故無違反です。

たとえお酒を飲むことが好きでも、家庭では「飲んだら乗るな」を徹底し、お店の人も車で来たら「飲ますな」を徹底し、怪しいと思ったら上手に聞き出す努力もしてくださいとお願いしています。

想像力を膨らませて、もし事故を起こしてしまえばあなた自身が罪に問われ、事故に遭った被害者やその家族に対してもたくさんの迷惑をかけてしまうこと。それに気づくことが大切であり、それを気づかせてくれるのが家族であり、仲間なのです。

現代はどんどん個人主義になっていて、まわりの人たちが何をしようと気にしない。自分が良ければそれでいい、という考え方が広まっています。

〝無敵の人〟を作らない社会であるためには、人の孤立を防ぎ、見守れる社会をつくることです。そのためには家族だけではなく、自治体の施策や福祉の制度を活用することも大切でしょう。

犯罪のない社会は本来、誰もが望んでいるはずです。

国は犯罪のない社会を作るために法律を定め、安全な社会を築くためのルール作りに取り組んでいます。しかしそれだけでは十分ではなく、私たち一人ひとりがそうした社会を築くためには何が必要で、自分たちは何をするべきかを考え、実行に移していくことが大切なのです。そのためにも私たちが自分たちの幸せを国任せにするのでなく、地域の中で何ができるかを考えることが求められているのです。

罪を犯す人を一人でもなくすためには、本来あるべき家族の愛情や、地域の人々の互いがつながり合う力が求められていることを理解するべきでしょう。

提言2 ――出産――

命の誕生は奇跡のはじまり。
地域の優しい目配りで
母子の健全な成長を支えよう。

誕生する大切な命を守るために

厚生労働省の発表によると、二〇二三（令和五）年に生まれた日本人の子どもの数は七二万七二七七人で、前年よりも四万三四八二人減りました。過去最少を更新し、少子化が一段と進んだことがわかります。一人の女性が生む子どもの数の指標となる出生率は、一・二〇となり、こちらも統計を取り始めて以降最も低く、婚姻数も五〇万組を割って戦後最少となったそうです。

こうした数字を並べるだけでも、日本の子どもの数がどんどんと減っていくことが実感できますが、昼間のまちに出てみると、大人や特に高齢者ばかりが目につき、本当に子どもが少ないなぁとその現実を直視せざるをえません。

少子化は国にとっても大きな問題で、近年ではさまざまな施策を打っていますがなかなかその成果が上がらないのが現実です。それでも毎年、七〇万人以上の子どもたちがこの日本で誕生していることに感謝するべきなのかもしれません。

そしてこの世に生まれてきた子どもたちを守り育てていく責任は、母親、父親は当然のこと、親となった者たちのまわりの家族、そして地域、さらに社会全体にもあることをすべての人に理解してほしいと思います。

まず母親となる女性には、お腹に赤ちゃんが宿った時から、母親としての責任を自覚してほしい。お母さんと赤ちゃんは、誕生するまではまさに一心同体です。お母さんが口にするものは赤ちゃんにとっての栄養源。食事や飲み物などにも注意して、健康を維持することを心がけましょう。

先日、産婦人科医の先生とお話しする機会があり、特に妊娠中は薬の服用には細心の注意が必要だとお聞きしました。この項の終わりに寄稿を掲載しています。

そして保健所で手渡された母子手帳を開いてください。そこには『児童憲章』が全文掲載されており、その冒頭にはこう書かれています。

われらは、日本国憲法の精神にしたがい、児童に対する正しい観念を確立し、すべての児童の幸福をはかるために、この憲章を定める。

児童は、人として尊ばれる。

児童は、社会の一員として重んぜられる。
児童は、よい環境の中で育てられる。

これは、子どもが誕生してすぐに得られる権利です。この言葉を心に刻み、子どもの権利を尊重し、幸せにする責任と自覚をもって、子どもを迎えてほしいと思います。

親子を支える地域のサポーターに

出産は女性にとっての大仕事ですが、生まれてからの育児もまたたいへんな労力を要します。特に赤ちゃんが生まれてから半年くらいは、数時間おきの授乳でまとまった睡眠時間が取れずに寝不足になったり、母親自身のホルモンバランスも崩れやすくなって、心も不安定になりやすい時期です。

かつては里帰り出産や、義理の親との同居など、出産後の母親を助ける手がいくつもありました。しかし近年は親と同居する子ども夫婦は少なくなり、また実家の親も働いていたり祖父母の介護があって頼れないといった状況などもあって、里帰り出産や、出産後のサポートが難しいといった家庭も少なくないようです。

最近は男性の育児休暇も徐々に増えていると聞きますが、それでも従業員が千人を超える大企業であっても育児休暇を取得する男性は二人に一人にも満たないのだそうで、まだまだ社会に定着しているとは言い難いです。

出産後、特に赤ちゃんが三か月くらいになるまでは、母親は外出もままなりません。まして夫婦と子ども一人の生活であれば、夫が仕事に出かけてしまえば部屋に生後間もない赤ちゃんと自分だけが残されます。初めての出産ではわからないことも多く、話せる人、頼れる人がいないとさらに不安が大きくなり、産後うつなどの症状が出てしまうこともあります。

こうした女性たちを救うために、やはり地域の力は欠かせません。

まず地域には各地域に行政保健師といわれる保健師さんがいます。保健所や市役所などに勤務し、地域の住民の健康を守る役割を担っています。

保健師の家庭訪問は児童福祉法に定められており、まず出産から一か月以内に新生児訪問を行います。そこで母子の健康状態の確認と、日常の中で不安はないかなどの精神的ケアなどの支援をします。

さらに赤ちゃんが四か月になるくらいまでにもう一度赤ちゃん訪問が行われます。ここでは母子の心身の健康状況を確認し、育児に関する悩みなどの相談を聞き、アドバイスや子育て支援に関する情報なども提供します。

また、訪問の際には母子の様子や育児環境などにも目を配り、サポートが必要と判断された家庭に対しては、他部署とも連携して適切なサービスが受けられるように支援を行います。

さらにこうした行政や保健師の支援だけではなく、国の産前・産後サポート事業として、助産師などの専門家や子育て経験者やシニア世代など、相談しやすい話し相手などを紹介し、お母さんの孤立感の解消を図る支援なども行っています。

この分野の専門家の一人にお話をうかがうと、

「子は母親が育てなければならないとの社会通念に母親が縛られて、子育てで助けを求めなかったり、助けを求める場所を知らなかったりすることもありうるのです」とお話しされました。

まずは行政の支援を知り、さまざまなサポートを活用することで、不安や悩みを抱えている新米ママさんたちを救いあげることができます。そのためには地域で暮らす私たち一人ひとりが、ちょっとした気づきでも優しい声かけをして、さまざまな困り事を抱えている人たちを救いあげていくことも大切なことでしょう。

［寄稿］ 妊婦の服薬について

妊娠された方は産婦人科になるべく早く受診してください。医療機関にて妊娠届出書を受け取り、お住まいの区の保健センターで母子健康手帳を交付してもらいます。母子健康手帳と一緒に受け取る冊子『母と子の健康のために（母子健康手帳別冊）』には、妊産婦健康診査受診票・妊産婦歯科診査受診票・乳児一般健康診査受診票や児童手当、子ども医療証の申請用紙などがつづられています。それらを利用して妊婦健診を行っていきます。

妊娠三週までは着床前であり、受精卵はお母さんから直接栄養を受けていないので、お母さんが内服した薬の影響を受けることはありません。妊娠三週以降、特に妊娠四〜七週未満（二か月）は赤ちゃんの脳や内臓、目や耳といった体の器官ができる器官形成期にあたり、最も薬の影響を受けやすい時期で注意が必要です。妊娠中でも内服できるお薬は多数ありますが、服用する場合は医師に相談してください。お薬以外にもアルコールの摂取やタバコも注意が必要です。妊娠中にお酒を飲むと、胎盤を通じてアルコールが赤ちゃんに入り、流産・早産の他、胎児性アルコール症候群と言い、特徴的な顔貌（小さな目、薄い唇など）、発育の遅れ、中枢神経系の障害（学習、記憶、注意力の持続、コミュニケーション、視覚・聴覚などの障害）などの症状が出生後に出現することがあります。妊娠を希望するようになったら赤ちゃんのためにも避けるように心がけてください。

医療法人　正風堂　みどりの風クリニック
産婦人科医　川原莉奈

提言3

―子ども―

たくさんの大人の目で子どもたちを見守る社会をつくろう。

子どもたちの権利を知る

少子化は日本が今直面している大きな問題の一つです。

日本の深刻な少子化の問題はすでに一九九〇年代から言われていましたが、政府の少子化対策は後れをとり、社会も危機感を持ちながらも具体的な取り組みはほとんどなされず、時が経過すると共に少子化を抑制するどころかむしろ加速度的なスピードですすみ、その解決策は未だ見出されていません。

少子化に至った理由は、社会、環境、制度、個人とさまざまにあり、それをひとまとめに分析して、解決に至ることは不可能です。それぞれの専門家がそれぞれの分野で研究し、対策を打ち出し、実践することで、少しでもその解決策に近づければと願いします。

そうした中で、私たち一般の市民の一人ひとりができることはないでしょうか。

私は、これから生まれてくる子どもたちももちろん大切ですが、そのためには今いる子どもたちが幸せで安心して暮らせる社会であることが絶対条件だと考えています。

では、子どもたちの幸せとは何なのか――。実はそれを明文化した素晴らしい法律が、日本にあることをご存じでしょうか。

二〇二三（令和五）年四月一日、政府は少子化や、現代の子どもたちがさらされている問題に対峙しようと、こども家庭庁を発足させました。こども家庭庁では「こどもまんなか社会」の実現を目的としており、「常にこどもの最善の利益を第一に考え、こどもに関する取組・政策を我が国社会の真ん中に据える」ことを意味しているのだそうです。

これまで子どもに関する取り組みは、厚生労働省、文部科学省、内閣府など異なる省庁に分散されていました。こども家庭庁はそれらを一元化し、縦割り行政を解消することが期待されています。

また、こども家庭庁発足と同時にこども基本法が施行されました。この法律は、こども施策の基本理念を明確にしたもので、国や自治体に対し、子どもや若者の意見を聞くことを義務付けています。

私がこども家庭庁の取り組みでひとつ素晴らしいと感じたのが、『こども基本法』の制定です。

この法律がつくられたのは、「すべての子どもが幸せな生活を送ることができる社会を目指して、その基本的な考え方を明確にし、国や都道府県、市町村など社会全体で、子どもに関する取り組み〈こども施策〉をすすめるため」なのだそうです。

ここに『こども基本法』を紹介しましょう。

【こども基本法】

一　全てのこどもについて、個人として尊重され、その基本的人権が保障されるとともに、差別的取扱いを受けることがないようにすること。

二　全てのこどもについて、適切に養育されること、その生活を保障されること、愛され保護されること、その健やかな成長及び発達並びにその自立が図られること、その他の福祉に係る権利が等しく保障されるとともに、教育基本法（平成十八年法律第百二十号）の精神にのっとり教育を受ける機会が等しく与えられること。

三　全てのこどもについて、その年齢及び発達の程度に応じて、自己に直接関係する全ての事項に関して意見を表明する機会及び多様な社会的活動に参画する機会が確保されること。

四　全てのこどもについて、その年齢及び発達の程度に応じて、その意見が尊重され、その最善の利益が優先して考慮されること。

五　こどもの養育については、家庭を基本として行われ、父母その他の保護者が第一義的責任を有するとの認識の下、これらの者に対してこどもの養育に関し十分な支援を行うとともに、家庭での養育が困難なこどもにはできる限り家庭と同様の養育環境を確保することにより、こどもが心身ともに健やかに育成されるようにすること。

六　家庭や子育てに夢を持ち、子育てに伴う喜びを実感できる社会環境を整備すること。

また、日本を含め一九六の国と地域が締結している『児童の権利に関する条約』にも子どもに次のような権利があることを謳っています。

生命、生存及び発達に対する権利（命を守られ成長できること）

一　こどもの最善の利益（子どもにとって最もよいこと）

二　子どもの意見の尊重（意見を表明し参加できること）

三　差別の禁止（差別のないこと）

このように子どもには立派な権利があり、社会に守られるべき存在なのです。子どもを持つ親は当然のこと、祖父母や叔父叔母などの家族も、さらに同じ地域に暮らす人々にとっても、すなわちすべての人々が、子どもたちの権利をきちんと理解し、権利を守るための行動をすることが求められているのです。

あなたはふだんのくらしの中で、身近にいる子どもたちの権利について考えたことはありますか。もしなければ、ぜひ『こども基本法』や『児童の権利に関する条約』を読んで、子どもたちの権利について再確認してほしいと思います。

子どもたちには幸せに暮らすための権利があること、その権利を守るためにすべての大人が努力しなければならないことに気づけば、きっと社会はもっと子どもたちの暮らしやすい社会に変わるはずです。

子どもが幸せに生き生きと健全な生活が営めれば、親たちにも笑顔が浮かび、幸せを感じるでしょう。そうした幸せそうなファミリーをみれば、私も結婚がしたい、子どもが欲しい、幸せな家庭を作りたいと思えるようになるのではないでしょうか。

少子化対策には、国や各自治体の施策、医療・保育・教育などそれぞれの分野からのアプローチなど、多角的な取り組みがとても大切ですが、私たち市民の一人ひとりにもできることはたくさんあります。

子どもは社会にとっても大切な宝。みんなで大切に育む環境が、子どもたちがあふれる社会を作っていくのではないでしょうか。

母親を孤立させない社会に

子どもの権利を強く主張する背景として、近年増加傾向にある児童虐待の問題を避けて通ることはできません。

日本が抑止できていない少子化の時代。私たち大人は一人ひとりの子どもたちを大切に育まなければならない責任があるにも拘らず、年々、虐待される子どもが増えている実態があります。

テレビで流れる児童虐待のニュースも、耳を覆いたくなるような内容のものばかり。せっかくこの世に生まれた子どもたちが、どうしてそんな辛い目に遭わなくてはいけないのかと、涙がこぼれます。

国の調査によると、二〇二二（令和四）年度の児童相談所による児童虐待相談対応件数は、二一万九一七〇件もあります。しかも心中も含めて七四人の子どもが亡くなっています。さらに児童虐待の件数は前年より一万件以上も多くなっており、その数は年々増加傾向にあるといいます。

児童虐待はなぜ起きてしまうのでしょうか。

一般的には、子どもを虐待する「親が悪い」と思われがちです。確かに子どもを虐待する当事者の多くは親や、あるいは親のパートナーだったりします。しかしそれは表面的なことで、ではなぜ親たちが虐待を行ってしまうのかという背景を探らなければ、本当の意味での虐待の減少にはつながらないでしょう。

今、社会的に児童虐待の数が増加している背景には、〝貧困〟と〝孤立〟という社会問題があると言われています。

日本では近年、経済格差が広がり、貧困層が拡大していると言います。特にシングルマザーの場合では、収入が少なく経済的に苦しいという家庭も少なくありません。十分に満たされた食事ができない、来月の家賃は払えるだろうか。欲しいものがあってもお金がないから我慢しなければならない。そんな生活を日常的に送っていると、誰でも気持ちが落ち込み、イライラとしてしまいます。そうした状況で子育てをしていると、どうしても子どもにあたってしまう。それがエスカレートして、虐待となってしまうのです。

また、孤立の問題も深刻です。かつては子育てというのは親だけでなく、家族みんなでするものでした。自分の親や義理の親など、大人たちの手が複数あり、母親を中心にして子育てをサポートしてみんなで子どもの成長を見守りました。

ところが現代では親と同居することは珍しい時代。その上で親や親せき、友人、近所の人など、助けてくれる人がほとんどいないという人たちが、親子だけで孤立してしまい、家庭内で何かあった時にそれを打ち明ける場所がなくストレスをためてしまい、その矛先が子どもに向かってしまう、ということがあります。また、今の若い親たちのなかには虐待を〝しつけ〟と勘違いしてしまっている者もいます。

特に児童虐待は、東京や大阪などの都市部で多く起こっている実態があり、その背景には地域コミュニティーの希薄さが指摘されています。

だからこそ地域全体で子どもたちを見守る環境が必要です。民生委員・児童委員をはじめ自治体や町内会など、さまざまなネットワークを活用しながら、たくさんの大人の目で子どもたちを見守ることの大切さを改めて感じます。

何人かの専門家の方にご意見をうかがいました。

行政に詳しい方からは、「行政は地域全体による見守りが可能となるような仕組みを構築し、地域が協力しやすい環境をつくることが求められます」との意見をいただきました。

青少年育成関係の方からは、「本人にとっても社会にとっても、子どもは宝だと思います。子育ては難しいが、子どもに何でも言うとおりになると思わせることなく、自分のことだけでなく、家庭や友達、近所の人のことを含めて思いやりの心を教えられる子育てをしてほしい」とのお言葉をいただきました。

また、専門家虐待問題に詳しい方は、「子どもの虐待が起きてしまう家庭では、母親が子どもは母親が育てなければならないとの社会通念に縛られていたり、子育てで助けを求めようとしなかったり、またどこに助けを求めたらよいか、その場所がわからないなどの知識不足も考えられます。父親にも子の親としての責任があるのに、その責任が母親だけに集中した報道に不平等を感じることもあります」と語ってくれました。さらに「子どもは生まれてきた事情に因らず、生きていく権利があります。母親が子を育てることもあれば、子が社会に育てられることもあり、そのどちらも正しい。どちらでも幸せになることができるはずです」と指摘しています。

提言4

子どもたちの健やかな育ちを支えるPTA活動を今一度、見直そう。

——子ども——

求められる学校・PTA・地域の連携

年々、誕生する子どもたちが減少していく日本の社会は、どんどん大人たちの比重が増し、大人たちの主義主張ばかりがまかり通るようになって、子どもたちが伸び伸びと育つ環境が失われていくように感じます。

たとえば何年か前には子どもたちが遊ぶ声がうるさいとクレームが入り、自治体が公園を閉鎖したというニュースがありました。子どもが声を上げて外で遊ぶのは当たり前。それを大人たちが笑顔で見守っていた、そんな時代はもう過去の遺産なのでしょうか。いいえ、時代が変わろうと人の育ちは変わりません。人として健やかに育つためには、やはり伸び伸びと、さまざまな人たちとふれあいながら、大人たちに温かく見守られる環境がとても大切です。しかし少子高齢化が進み、さらに地域のつながりが減少していく社会は、今の子どもたちにとってけっして恵まれたものとはいえません。

特に小学校から中学校、高校へと成長していく過程において、子どもたちは親たちの庇護から離れて、少しずつ社会を知り、他人を知り、成長していきます。そうした環境の中で大切なのが、学校や地域との関わりです。

ですから私は子どもたちを育てていく環境として、学校と地域というものがとても大切だと考えています。また、学校と親、地域をつなぐものとして、ＰＴＡの存在も欠かすことができません。

学校・ＰＴＡ・地域が連携していくことの重要性を感じるのは、それぞれの役割には限界があるからです。

私は長年地元の小学校の児童たちの「見守り隊」に参加していました。子どもたちの登下校の時間に通学路に出て、子どもたちが安全に通学できるかを見守るのです。

学校の先生の勤務時間は、子どもたちが登校してくる八時から八時十五分からだそうです。先生たちは登校する子どもたちを学校で迎えますから、登下校中の子どもたちを見守ることはできません。そこで地域の人たちやＰＴＡが協力し合って、子どもたちの安全を見守るのです。今は共働きのご家庭も多いので、朝はなかなか時間がつくれないご両親の代わりに、私たちのように仕事を引退して時間にゆとりのある高齢者が、子どもたちのために力になることは本人たちにとっても嬉しいことです。

子どもたちはまだまだ未熟ですから、危険なことでも平気でしてしまうことがあります。道路の横断歩道ではないところを渡ったり、通学路から外れて道くさをしたり……。昭和の時代では当たり前だったことも、今は危険の多い世の中ですから、大人の目配りが必要です。

そんな時にもいつも顔を合わせている子どもたちになら、大人は注意することができます。こうして地域で人と人のつながりがあることは、子どもの安全のためにとても大切なことです。

ＰＴＡの役割を考えてみる

昔は学校といえば必ずＰＴＡがあり、子どもたちのさまざまな活動を支えていました。運動会、展覧会など学校行事の手伝いから、バザーやお祭りなどの学校や地域のイベントの運営や手伝い、廃品回収やベルマークを回収して学校に必要なものを購入、子どもの安全や防災のための地域パトロールなど、その活躍の舞台は多様でした。

こうしたＰＴＡ活動を通して、先生や保護者同士、さらに地域の人たちと協力することで子どもたちの健やかな成長をサポートし、また同じ地域に住む人たちと交流することで人の輪が広がっていく。子どもたちの学校での活動を通して知り合いを増やしていくことも、住みよい地域にするための大切なきっかけづくりでした。

しかし近年、ＰＴＡの評判はあまり良くありません。

共働きの家庭が増えて、平日の役員会への出席が難しいこと。前例にならうことが多く、効率の悪い無駄な仕事が多い、役員をする人が偏ってしまい不公平に感じるなど、さまざまな声が上がっています

さらに若いお母さん、お父さんたちの中には人間づきあいを苦手として、できれば積極的には人とは関わりたくないと思われる人も少なくないようです。

人と人との関わりがどんどんと薄れていく時代に、互いに協力し合って何かをしていくことを面倒くさいと避けてしまう傾向もあるようです。

私が地域でＰＴＡ活動をしていた五十年近く前と今とでは、人の考え方も大きく変わってしまったようです。

しかし子どもたちの成長という意味では、ＰＴＡにはたくさんのメリットがあります。

学校を教師と子どもたちの閉鎖的な世界にしないために、親たちが学校と関わりを持つことはとても大切です。学校への理解を深める、教師との信頼関係を築くといったことから、さまざまな人たちと接することで、視野を広げ、また保護者同士のネットワークを広げることにもなります。

実際に参加した人たちの中には、「やってよかった」「良い経験になった」「学校や先生への理解が深まった」などの声も上がっています。

ＰＴＡにはさまざまな課題がありますが、それを克服して、継続していける方法を模索してほしいと願っています。

保護者の負担を減らして、働いている親でも積極的に参加できる、活動できる体制を整えることも必要でしょう。特にコロナ禍を経験していっそうの情報化が進んだ社会のツールを上手に活用して、テレビ会議にするなどＩＣＴを活用して効率化が図れます。また、運動会などの行事であれば、保護者だけでなく地域のボランティアなどを募ることもできるでしょう。

ＰＴＡは戦後、「子供たちが正しく健やかに育っていくには、家庭と学校と社会とが、その教育の責任を分けあい、力を合わせて子供たちの幸せのために努力していくことが大切である」という理念のもと、家庭教育の充実を図り、学校・地域と連携して子どもたちのために活動する団体として全国に広まり、組織化されていきました。七十年以上も続けられてきた活動には、それなりの歴史と価値があることは間違いありません。

特に子育ての時代に、さまざまな人たちと出会うことで地域でのネットワークを広げる一助として、ＰＴＡの活動を再認識していただきたいと願っています。

提言5

―子ども―

子どもの健全な成長を促すために大人たちができることを考えよう。

世話焼きおじさん、世話焼きおばさんの復活を

子どもたちが健全に成長していくために大切なことは何でしょう。それは大人たちの子どもを見守る温かい目だと、私は思います。

今は、昔のような大家族も少なくなり、兄弟も多くありません。家族の単位が両親と一人っ子か兄弟が一人か二人。そのような環境で生きている子どもたちがほとんどではないでしょうか。また、近所同士のお付き合いも希薄になっていて、子どもたちは親以外の大人は学校の先生くらいしか知らない、いびつな年齢構成の社会の中で生きています。

昔話ばかりで恐縮ですが、かつて昭和の子どもたちはお母さんが出かけている時はお隣のおばさんのところで留守番をしたり、近所のおじいさんに将棋を教えてもらったりと、いろいろな年齢の、異なる立場の人たちと自然に関わる環境がありました。そうした関わりの中から社会性を学んだり、善悪を見極めたり、人としての思いやりを育んだりすることができたのです。

私が長年続けていた小学校の「見守り隊」では、我が愛犬の〝翔〟や〝宙《そら》〟を引き連れて、登下校の途中にちょっとしたたまり場をつくり、子どもたちとのおしゃべりを楽しみました。このように子どものたちの接点を増やしながら関係性を深めていったのです。

そして近所で会った時は、「こんにちは」と声をかけ、また道草をしているようなら「遅くならないうちに帰るんだよ」と時には注意をしたりもします。

昔はどこにでもいた世話焼きおじさん、世話焼きおばさんが今はすっかりいなくなりました。子どもが道草しようが、道路に広がって歩いていようが知らんふりです。でも危険なこと、注意しなければならないことを子どもがしていれば、大人はきちんと怒ってよいと思います。

私は、今こそ「世話焼きおじさん、世話焼きおばさんの復活を！」と声を大にして言いたいです。それこそが子ども自身の安全に、さらには地域の安全にもつながっていくと信じているからです。

青少年育成関係者の方からは「子育ては家庭が原則だと思うが、子どもによってはさまざまな家庭環境があると思うので、一概には決められません。昔のように社会全体が他人との関わりを持つことに積極性をもてるようになることが望ましい」とのご意見をいただきました。

「あいさつ運動」で高める地域の連携力

人と人とのつながりは、何かのきっかけがないと難しいものです。地域でつながりをつくる、その一つのきっかけがあいさつです。あいさつは、人と人をつなげる第一歩。笑顔で「こんにちは」と言われたら、誰でも気持ちが明るくなります。

みんなが気持ちよくあいさつが交わせる社会となるようにと、長年続けられてきた活動が「あいさつ運動」です。その歴史はたいへん古く、一九六三（昭和三十八）年に公益社団法人「小さな親切」運動本部が推奨し、全国へと広がっていきました。

子どもが通う小学校で私がＰＴＡの役員をしていた時にも、教職員と保護者が一緒に「あいさつ運動」に取り組み、大きな成果を上げたことがあります。毎月一回、実施日を決めて登校時に校門の前に立って元気にあいさつをすると、児童も元気にあいさつを返してくれるようになりました。さらにあいさつ運動を続けていると、児童たちもふだんから自然と声を出してあいさつをする習慣が身につき、学校の雰囲気もとても明るいものとなっていきました。

近年でも「あいさつ運動」の効果は広く認められていて、小学校や中学校などで積極的に取り組んでいる学校も数多くあります。

子どもたちにあいさつの習慣が身に付くと、学校内だけでなく、地域にも派生していきます。登下校時、子どもたちは近所の人たちにも自然とあいさつをする習慣が身に付き、大人たちもあいさつを返しているうちに、互いの距離が近くなっていくのです。

それは大人同士でも同じこと。ゴミ捨てに行った時によく顔を合わすご近所さんと、「おはよう」とあいさつ。次に会った時には「良いお天気ですね」と互いににっこり笑い合う。さてその次にはちょっと立ち話が始まり、数か月後には数人のご近所さんで井戸端会議、というように変化していくことも十分にあります。

「あいさつ運動」は、地域コミュニケーションの活性化を図り、豊かな人間関係を育み、生活環境をよくしてくれる効果をもたらしてくれます。

子どもたちが元気にあいさつをし、ご近所さんたちが会話を弾ませているまちを見たら、空き巣やひったくりの犯罪者も手を出せないのではないでしょうか。

子どもにとって「あいさつ運動」は、社会習慣の定着やコミュニティーの醸成、さらに安全確保などの効果が期待でき、また地域においても世代間交流や地域全体の犯罪抑止につながるなど、さまざまな効果が期待されています。

少年犯罪の問題に詳しい専門家の方に話をうかがうと、

「家庭環境、生活環境の問題もありますが、社会の子どもに対するケア不足、親に対するケア不足もあります。犯罪に走る子どもは学校に相談できる職員がいなかったり、友達がいないことも多いのです。地域でふだんから〝あいさつ〟を率先して行うことで関係性を作ることが非行の予防にもつながります。地域や土地柄の問題もあるため、犯罪が起きやすい場所を見分ける、入りやすく見にくいポイントをカバーすることも大切ではないでしょうか」とのご意見いただきました。

提言6

——高齢者——

理想の人生の結末——ピンピンコロリをみんなでめざそう！

ピンコロ人生を全うする秘訣

長年、人生を過ごしていると、思い通りにいかないことも多くあります。その最たるものが〝健康〟ではないでしょうか。実は私も最近では足腰が痛み、日々の通院とマッサージが習慣となってしまいました。それでもできるだけ社会のためにお役に立ちたいと、外に出て、人との交流を心がけています。私が思い描く理想の人生は、ピンピンコロリで幕を閉じること。こんなピンコロ人生の計画を立てています。

九十歳の誕生日―盛大に卒寿のお祝い。感謝の日。

（七十七歳＝喜寿・八十歳＝傘寿・八十八歳＝米寿など、本人が決めます）

誕生日の翌日―昨日はありがとう。床につくから一週間側にいて。

誕生日から二日目―みんなご苦労かけたな。財産残せなくて堪忍。

誕生日から三日目―お墓は○○霊園に作ってあるからよろしく。

誕生日から四日目―葬儀は家族葬でお願い。葬儀代は預金してあるから。

誕生日から五日目―みんな楽しく、仲良く、良い人生を送ってね。

誕生日から六日目―八時だよ、全員集合。世話になったな。ピンコロリンと極楽往生。

できれば人生の最期はこのように、自分の家の、自分の部屋の、自分の布団で、家族に見守られて息を引き取りたいと願っています。

そこでピンコロ人生を全うするための秘訣を私なりに考えてみました。

■老人力をつける

年を重ねるということは、たくさんの経験を積んでいるということ。その豊富な人生経験こそが「老人力」。この経験を生かして、まわりの人たちを励ましたり、助けてあげたり、世のため、人のために発揮しましょう。

物忘れも、嫌なことは忘れて前を向いて生きるための「老人力」。高齢者だからこその生きる知恵だと思えば怖くありません。

■笑って暮らす

健康長寿の最大の敵はストレス。ストレスの緩和に効果的なのが「笑い」です。

普段あまり笑ってないなぁという人は、意識して笑い顔をつくる訓練を。朝晩の歯磨きの時に鏡に向かってニッコリ笑顔を作る。朝昼夕の食事の前に、「いただきます」と言いながらニッコリ。人とおしゃべりしている時も、なるべく笑顔でいることを心がけましょう。いつも笑顔の人にはまわりにも楽しい人たちが集まってきて、楽しいおしゃべりの花が咲き、小さなお悩みも吹き飛んで、ストレスの軽減にも役立ちます。

■頭の体操をする

体の健康と共に、脳の健康もとても大切です。脳を意識的に鍛えることで、脳の衰えを予防しましょう。最近はさまざまな脳トレグッズもありますので、計算やパズル、ゲームを楽しむのもよし。将棋や囲碁、麻雀などは、人とのコミュニケーションも求められるので、より脳を活性化させてくれます。パソコンやスマホなど、新しいことに挑戦してみるのもおすすめです。

■ハートを躍らせる

年齢を重ねても、心はいつまでも現役です。楽しいことを見つけたり、嬉しいことに出会ったり……。日々のワクワクドキドキを探すことで、積極的に人生を楽しむことができます。

■おしゃべりを楽しむ

人は何気なく会話をしていますが、実は人と話すためには言葉を考えたり、相手の感情をうかがったりと脳の広い範囲が刺激され、脳を活性化しています。また人と話すことでストレスが解消され、人とのつながりが生まれるのもおしゃべりの素晴らしいところです。

特に男性諸氏にはおしゃべりが苦手という人も多いですが、ぜひぜひ積極的に会話を楽しむ努力をしてください。

■よく噛んで食べる

美味しいものを食べることは、人生の大きな喜びの一つです。さらに「噛む」ことには、顎の働きで脳の血流量が増え、脳が活性化して情緒が安定する。唾液がよく出て長生きホルモンが分泌されるなどの効果があると言われています。

高齢になると歯を失ったり、入れ歯の調子が悪いなど、口中のトラブルも増えてきますので、メンテナンスをきちんと行い、しっかり「嚙める」お口の維持が大切です。

■体を動かす

高齢になると、どうしても体を動かすことがおっくうになりがちです。でも動かないとどんどんと筋力が落ちて、体力もなくなってしまいます。

無理のない運動としてはまず歩くことです。費用もかからず、自分の体力やペースに合わせて行えます。またラジオ体操など、毎日の習慣となるような運動もおすすめです。

私が周りの人たちにピンコロ人生の話をすると、「それはいいね」「私もそうありたいものだ」と、みんな声を揃えて賛同してくれます。そこで私は仲間たちと『ピンコロ人生を楽しむ会』をつくり、活動を始めました。

先に挙げたピンコロ人生の秘訣も、一人でやるのは難しいこともありますが、仲間と一緒なら簡単にできるものがたくさんあります。たとえばおしゃべりや笑顔になることは、気の合う仲間同士が集まれば、意識せずとも自然にできてしまうことだからです。

高齢者が元気なまちは、地域の活動も盛んで、活力があります。少子高齢化の今だからこそ、高齢者の元気がまちづくりに貢献していることを感じます。だからこそ高齢者自身が生涯現役、最期はピンピンコロリをめざして頑張りたいものです。

また、健康維持のためには上手な医師のかかり方も大切なポイントだと懇意にする医師からアドバイスをいただきました。その内容を寄稿していただきましたのでご紹介します。

［寄稿］　上手な医師のかかり方

現在、情報が数多くある中で、私たちは正しい情報をいかにして探し出すかが課題となっています。

たとえば、ＳＮＳ等の情報をうのみにして、市販薬を長期にわたって服用してしまい、治療を開始する時期を逃してしまう危険性があります。そのようになる前に、総合的な判断を気軽に相談できるかかりつけの医師が必要になるのです。

病状によってはかかりつけ医が紹介状を書いて専門外来を受診することもあるかもしれませんが、専門的治療が終わった後は、かかりつけ医がフォローしていくことになります。

仮に、心不全のある患者さんに、脳梗塞治療も合わせてする場合を考えてみましょう。糖尿病や脂質異常症のある患者さんには、よくありがちなパターンです。その場合、循環器内科では心不全治療として水分制限をされた上で、利尿剤が投与されます。一方で、神経内科では脱水による再梗塞を避けるため、利尿剤による脱水の危険が指摘されることでしょう。

このような場合、その患者さんは水分を摂取すべきか、すべきでないのかで困惑してしまいます。そのため、循環器内科医と神経内科医との間に入って、微妙なバランスをとり、脱水について総合的な判断のできるかかりつけ医が必要となるのです。

思うに、かかりつけ医とは、眼前の課題に対して配慮できるだけでなく、背景に隠された病気をスクリーニングし、人それぞれに置かれた心理状態や環境を見極められる存在でなければいけません。そのためには、患者情報が必要ですから、患者さんとの会話を広げられる医師が望ましいと思われます。常に患者さんの立場で考え、相談や助言のできる医師を探すことが、皆さんの人生を豊かにすることにつながるのかと思われます。

医療法人　幸寿会　平岩病院
内科医　原　亜希子

提言7

――社会――

サロン活動を広めて地域に豊かなネットワークを築こう。

人と人とをつなぐ〝サロン〟の魅力

今は人間関係の構築が難しい時代といわれ、友達づきあい、親戚づきあい、近所づきあいも、どんどん希薄になってきています。そのため人と交流したい、仲間づくりをしたいと考えても、どのようにしたらよいかわからないという人も多いようです。さらにコロナ禍では、人と人との接触が極力避けられたため、今までお付き合いのあった人とも疎遠になってしまった、という声も聞きます。

そんな時代だからこそ、人と人とがつながり合う場所として、〝サロン〟が提唱されています。サロンとは、地域住民が自由な自主活動として開かれる集いの場です。また、地域を拠点として住民同士が共同で企画し、運営していく仲間づくりの活動でもあります。

一九九四年（平成六年）から全国社会福祉協議会が中心となって『ふれあい・いきいきサロン』事業に取り組んだのが始まりで、地域の人々がいきいきと暮らすための活動の場として全国で展開されています。

『ふれあい・いきいきサロン』には高齢者が中心の「高齢者サロン」、子育て中の親子が集う「子育てサロン」、障がい者が中心に集う「障がい者サロン」、子どもから高齢者まで地域の誰でも参加できる「共生型サロン」の四つの種類があります。

サロンの魅力は、参加者たちが自由に企画して、自由に楽しめることです。一般的に自治体や福祉関係の団体が企画する集いは、自治体の職員や福祉の専門家、ボランティアの人たちが計画したり準備を整えて、興味のある人がそこに参加する形が多いのですが、サロンは自分たちがやりたいことを提案し、形にしていく楽しさがあります。

また、サロンだから何かをしなくてはいけないと考え過ぎなくても、人々が集い、交流をすることで参加者が楽しい時間を過ごすことだけでも、十分にサロンの存在価値はあります。

そこに行けば誰かに会える、誰かと話ができる、話を聞いてもらえる——。

人と人とが出会い、知り合うことで、人と人とのつながりが生まれることが、サロンにとってのいちばん大きな目標です。

高齢者にこそ！　サロンのススメ

高齢になるとどうしても行動範囲が狭くなり、交友関係にも陰りが見えてきます。若くて活動的な時代は新しい場所で新しい仲間と出会うことがありましたが、そうした機会もだんだんと失われていきます。さらに仲良くしていた知人が、施設などに引っ越してしまったり、亡くなったりと、年々知り合いの数も減少していきます。

高齢になって仲間や知り合いを増やしていくことはとても大変なことと私自身も実感しています。さらにまわりに知り合いが少ないと出かける機会も減って、行動がどんどん内向きになってしまいます。こうした高齢者にありがちな負のスパイラルにストップをかけるのが、サロン活動です。

ここでは高齢者サロンの主な効果を紹介しましょう。

■仲間づくりができる
高齢になると、どうしても交友関係が狭まってしまいます。サロンではこれまで出会っていなかった人たちと出会い、交流を深めることで、豊かな人間関係をつくることができます。

■孤立・閉じこもりの防止
サロンという用事を作ることで、出かける理由ができます。外出する機会が増え、そこで人と交流することで、孤立感が軽減されます。

■視野や活動の幅が広がる
さまざまな人と交流することで、新しい情報に触れることができます。今まで知らなかったことにも関心が持てるようになり、視野や活動の幅など自身の世界が広がります。

■介護予防・認知症予防

参加者同士で体を動かしたり、おしゃべりをしたり、笑い合ったりすることで自宅で過ごすよりも身体活動量が増えて脳も刺激されるため、介護予防や認知症予防につながります。

■災害時に活かされる

地域に知り合いが増えると、緊急時の安心にもつながります。声をかけてもらったり、支援の手を差し伸べてもらうなど、地域とのつながりはいざという時に心強く感じられます。

このようにサロンは高齢者にたくさんの良い点があります。特に一人暮らしや夫婦のみで暮らしている高齢者にとっては外に仲間ができ、いざという時には支援も期待できるつながりを維持することは大きな魅力でしょう。

サロン活動を広めて地域の活性化に

一般的に、市民の地域ネットワークといえば町内会などの自治体や、高齢者であれば老人会などがあげられます。しかしこうした集まりはどうしても大規模になりがちで、組織化されているため、限られた人が中心の活動になってしまいがちです。

サロンの良いところは、十人程度の小規模な集まりで、自由度が高いこと。人と人との交流を目的としているので、難しい規約などはありません。

ちなみに私が初めて取り組んだサロン『創年のたまり場』では、次のような【創年憲章】を作りました。

【創年憲章】

一　難しい規約はありません。

一　固定した事業、事業計画はありません。

一　遅刻・早引けは自由です。
一　無断欠席等はご自由です。
一　無責任発言は言いたい放題です。
一　入退会等も無罪放免です。
兎に角、一年後の結果、若返り保証、家族円満。

〝憲章〟と言っても大きな決まり事はなく、むしろ自由な集まりであることを意識してまとめたものです。約束事（ルール）は最小限に、誰もが自由に出入りできること。学歴や職歴、役職等の自己紹介はなしにした、対等な人々の集まりです。肩の力を抜いてざっくばらんに交流して、さらにみんながやりがいや生きる喜びを感じられることがサロンの理想です。

また、私が立ち上げたサロンからは新たな活動が生まれています。

まだまだ元気に体を動かせる、社会のために何かしたいという高齢者の方たちと、社会貢献のボランティア活動を始めたのです。仲間たちと一座を作り、高齢者施設を訪問して舞踊や手品などをお披露目し、利用者の方たちに喜んでもらったり、安心・安全・快適なまちづくりのための活動なども行いました。

このようにサロンを通じて人と人とがつながり、自分たちが元気をもらえるだけでなく、さらにそこから発展して地域のための活動が広がっていく――。サロンはそうした可能性も広がる取り組みです。

提言8

――高齢者――

高齢者の孤独解消の方策に、ＩＴの活用と地域力の向上が求められる。

年々増加する一人暮らしの高齢者

厚生労働省の『高齢社会白書』によれば、二〇二二（令和四）年現在の六十五歳以上の夫婦のみの世帯は全国で八八二万一〇〇〇世帯、単独世帯もほぼ同じくらいの八七三万世帯あり、どちらも年々増加傾向にあります。しかも高齢者夫婦二人で暮らす家庭は、どちらかが亡くなれば一人となってしまいますから、単独世帯の予備軍ともいえ、これから高齢者の一人暮らしはさらに増えていくことが予測できます。

高齢者が一人暮らしを選ぶ理由としては、「現状で満足している」「頼れる人がいない」「住み慣れた地域を離れたくない」などがあげられています。

しかし高齢者の一人暮らしにはさまざまなリスクがあると言われています。

ひとつには一人暮らしの高齢者は「認知症が進行しやすい」というリスクがあります。

これはそれぞれの生活スタイルにもよりますが、一人暮らしであまり人との交流を好まない人は、人と接する機会が減り、会話や刺激が少なくなってしまいます。認知症を防ぐに

にあることを踏まえ、孤独・孤立の状態となることの予防、孤独・孤立の状態にある者への迅速かつ適切な支援その他孤独・孤立の状態から脱却することに資する取組について、その基本理念、国等の責務及び施策の基本となる事項を定めるとともに、孤独・孤立対策推進本部を設置すること等により、他の関係法律による施策と相まって、総合的な孤独・孤立対策に関する施策を推進することを目的とする」

このように孤独・孤立の問題は、国も大きな社会問題として捉えていることがわかります。そのため国も、日中一人暮らしの高齢者に「サロン」への参加をすすめています。

ＩＴを活用した孤独解消法

こうした国の姿勢は評価しますが、施策は始まったばかり――。今、孤独な高齢者の方たちを救うにはまだまだ時間がかかりそうです。それならば私たちが身近な高齢者の方たちと一緒に、今すぐにできることはないでしょうか。

コロナ禍で人の行動が制限された時、企業ではいち早くＩＴを活用したネットワークで社員たちをつなぎました。パソコンやタブレット、スマートフォンなどの情報機器をフル活用し、各社員がわざわざ会社に足を運ばなくても会議をしたり、営業活動をしたり、さまざまな事務作業が進められるようにしたのです。

高齢者の方の中には、足腰が弱ったり、体が不自由で自由に外出できない人もいます。人込みは苦手と、外を出歩くのが嫌いな人もいるでしょう。なかなか自由に外出ができない状況は、まさしくコロナ禍と同様で、それでもできること、楽しいことは必ずあります。まさしく今は情報化社会。さまざまな技術が進化して、より便利な時代となっています。これを高齢者の孤独解消につなげない手はありません。そこで今の社会で活用されている道具を使い、どのような孤独解消法があるか、私なりに考えてみました。

〈LINEを使って交流〉

LINEは、スマートフォンやパソコン、タブレットなどを使って、メッセージのやりとりや音声通話、ビデオ通話ができるアプリケーションです。

LINEの魅力は、自分の都合の良い時に相手の状況を気にせずに連絡することができることです。電話だと、相手は食事中かしら、忙しくないかと気になってしまいますが、

ＬＩＮＥはこちらが勝手に送っても相手も時間のあるときに見てくれるので気兼ねがありません。

一人暮らしの高齢者の中には、一日誰とも話さなかった。ボーッとテレビを見て日が暮れたという人も多いのですが、ＬＩＮＥ友達を見つければ、いつでも簡単につながることができます。

また、一般的にはＬＩＮＥは連絡用などにチャット機能を使うこと多いですが、複数人が同じ画面で共有しながらトークできるグループトークの機能もあります。そこで複数人でグループを作り、曜日や時間を決めてみんなで交流すれば、まるで井戸端会議のようにワイワイとおしゃべりを楽しむことができます。

〈Ｚｏｏｍを使って交流〉

Ｚｏｏｍは、パソコンやタブレット、スマートフォンを使ってオンラインで会話ができるアプリケーションで、複数人のセミナーやミーティングを行うために開発されたビジネスツールです。

テレビ電話のように互いの顔が画面に映り、リアルタイムで会話ができるのだけでなく、複数の人数で同時に利用することができます。また、事前に登録を行わなくても招待リンクをクリックするだけで誰でも参加でき、簡単に利用することができます。

画面が共有できるのでさまざまな活用法が考えられます。おしゃべりを楽しむだけでなく、趣味の作品を互いに発表しあったり、一緒に歌を歌うなどの楽しみ方ができます。

顔を見合って交流ができるので、ちょっと元気がなかったり、いつもと様子が違うなどの変化に気づくなど、見守りの役割も果たしてくれます。

〈YouTube（ユーチューブ）を活用する〉

以前は、家の中で何もやることのないお父さんは、茶の間に座ってずっとテレビを見っぱなし。それもテレビ番組が楽しいのではなく、他にやりたいことがないから惰性で見ているだけ。ということも多かったように思います。

どうせ時間がたっぷりとあるのなら、私はテレビよりユーチューブのほうがいろいろと楽しみ方があって、ずっと面白いと感じています。

ユーチューブはグーグル社が運営している世界で最も普及している動画サービスサイトです。自分で撮影した動画データをユーチューブにアップすることで、世界中の人々にその動画を見てもらうことが可能です。

大好きな落語や漫才、演歌も見放題、聞き放題。一般の人が作った動画は、いろいろと工夫されていてとても楽しいです。

私もそんなユーチューブの世界に魅了されて、ついには自分でも動画を作成して、世界の人々に発信するようになりました！

家にいて、どこにも行けない、つまらないなぁと思っていたのが、ユーチューブで家にいながらもぐっと世界が広がりました。そして画面だけではなく、本物を見たいと思うようになって活動範囲がぐっと広がったのもユーチューブのおかげです。

モノクロテレビから育った私たちにはまるで夢のような世界ですが、今現実に楽しめる世界があるのなら、利用しない手はないと思うのです。

〈おしゃべりロボットと暮らす〉

「今日は一日、誰とも話さなかったわ」一人暮らしの高齢者では、そんな日常は珍しくないようです。

そんな高齢者におすすめなのが、コミュニケーションロボットと呼ばれるおしゃべりができるロボットです。

おしゃべりロボットは、主に会話や動きで人と交流することを目的として作られたロボットで、交流をとおして高齢者の気持ちを穏やかにして、一緒に暮らすことで孤独感を軽減させる効果があると言われています。

二足歩行のロボットや、かわいらしい人形、ネコや犬などのペットの形状をしたものなどさまざまなものがあります。機能もそれぞれですが、話し言葉を理解して会話を交わせる、ＡＩ機能を搭載したものなら、豊かな会話表現で交流することも可能です。

一人暮らしの高齢者でも、おしゃべりロボットと日常的に交流することで認知機能の低下を抑えることが可能だといわれています。

高齢者はパソコンやスマホが苦手……。使いこなすのは難しいのではと思われるかもしれませんが、今は時代もすすんでいます。

株式会社ＮＴＴドコモモバイル社会研究所の二〇二一（令和三）年の調査では、スマートフォンの使用率は六〇代で八割、七〇代で四割となっています。これからさらに高齢者の普及率は伸びていくでしょう。

パソコンやスマホが使えることで世界が広がることは、一般の人だけでなく高齢者にとっても同じことなのです。最近は高齢者向けのパソコン教室やスマホ教室が多く開かれているので、孤独解消策として、ぜひ足を運んでほしいと思います。

一人暮らし高齢者には地域の見守りを

高齢者の孤立や孤独死・孤立死を防ぐためにはどうしたらよいのでしょう。

さまざまな方策が考えられますが、現状から最適と考えられる答えはやはり〝支え合える社会〟をつくることでしょう。孤独死・孤立死の比率が都会ほど高い、という背景にも人間関係が希薄な都会ほど、高齢者が孤立しやすい環境であることがわかります。

〝支え合える社会〟の実現のためには、地域の力が欠かせません。

二〇一二（平成二十四）年に行われた介護保険法改正では、国や地方公共団体が見守り活動などの生活支援を行うことを責務とするように規定しています。そして地域住民同士が支え合い、何かあった際にはすぐに助けを求められるような環境作りを進めています。

地域の民生委員をはじめ、社会福祉協議会が中心となって、見守り支援活動などがボランティアによって実施されています。見守り支援活動では、一人暮らしの高齢者や障がい者などの自宅を、住民が定期的に訪問し、その様子を見守り、困ったことがないかなどを確認します。

定期的に通うことで、「以前よりも元気がない」「会話が噛み合わない」、あるいは「新聞が溜まっている」「何度訪ねても応答がない」などの変化に気づくこともできます。もし何か気になることがあれば、地区の相談窓口に相談するなどして行政とつなぎ、専門機関と連携して対処することができます。

人と地域がつながることで、高齢者が安心して暮らせるまちづくりができます。それは自分自身が高齢になった時にも、安心して過ごせる場所を守りつづけることでもあるのです。

提言9

――高齢者――

地域と連携し、
高齢者が生き生きと過ごせる
理想の施設づくりを。

安心して年が重ねられる社会であるために

少子高齢化という言葉がすっかり定着した日本ですが、今後はさらに深刻な事態が押し寄せてくることが予測されています。二〇二五（令和七）年、団塊の世代といわれる人口の多い世代が後期高齢者となるからです。このため国の社会保障費はさらに膨らみ、財政が厳しくなるだけでなく、医療や介護分野の人材不足が深刻化するといわれています。

少子化と同様に高齢化も予測はできたはず。しかしバブル崩壊以降、厳しい日本の財政事情の中で一気に増える高齢者人口に対して、十分に準備が整えられたとはいえません。

現在、後期高齢者あるいは前期高齢者の方々は、特にこの厳しい時代を生き抜かなければならないという現実があります。

限られた財源、限られた介護施設、限られた福祉サービス、限られた介護職人材に対し、増大する高齢者人口――。高齢者の多くの方が、自分たちの将来に不安を抱えているのではないでしょうか。

かつては多くの家が、親子の二世代、あるいは親・子・孫の三世代同居が当たり前でした。年を取った親を自宅で面倒を見るのが当然と思われていたので、高齢になっても安心して過ごすことができました。しかし現在では二世代同居の家庭は少なくなり、高齢者夫婦や一人暮らし高齢者の世帯が増えています。

前章でも紹介した『高齢社会白書』によると、六十五歳以上の者がいる世帯数は二七四七万四〇〇〇世帯で、全体の約五割を占めています。そのうち夫婦のみの世帯、単独世帯がそれぞれ約三割を占めています。ちなみに一九八〇（昭和五十五）年当時は、三世代世帯が全体の約半数を占めていたのだそうです。

国では高齢化社会に向けて、さまざまな制度や施策をすすめてきました。制度としては介護保険、施設サービス、居宅サービス、介護予防サービス、介護予防・日常生活支援事業などが整えられています。まず私たちにできることは、活用できる制度やサービスの情報を収集し、ケアマネージャーさんなど専門家と相談しながら自分に合った制度・サービスを活用することでしょう。

しかしなかなか自分の思う通りにはいかないのもまた人生です。人生の最期まで誰にも迷惑をかけずに終われればと願いますが、それが難しいのも事実。家族の負担になりたくなかったり、頼れる親族がいないなどの場合には、施設にお世話になるという選択が考えられます。

かつては高齢者施設といえば特別養護老人ホームなど限られた施設しかありませんでしたが、国の老人福祉制度も変化して、今はさまざまな事情をもつ高齢者に対応できる老人施設が整えられつつあります。

主だったものとしては、原則として要介護3以上の人が入所でき、施設で生活しながら生活援助や身体介助、機能訓練、療養の世話などが受けられる「特別養護老人ホーム」。要介護1以上で、病状が安定していて入院治療の必要がなく、リハビリテーションを必要とする人が入所する「介護老人保健施設（老健）」。長期的に療養が必要な要介護1以上の人が入所でき、日常生活の支援やリハビリテーション、療養上の世話などが受けられる「介護医療院」などがあります。

また、民間の会社が経営する高齢者を対象とした施設として、「有料老人ホーム」という選択肢もあります。さらにバリアフリー、安否確認と生活相談サービスなど、高齢者が安心して暮らせる一定の機能が義務付けられた高齢者向けの賃貸住宅として「サービス付き高齢者向け住宅（サ高住）」や、認知症のために自宅での生活が困難な人が入居する

「グループホーム」や、自宅での生活や一人暮らしが困難な高齢者のため「ケアハウス」、身体上、精神上、環境上の理由や、経済上の理由などで自宅での生活が困難な高齢者のための「養護老人ホーム」などの施設もあります。

しかしこのようにそれぞれ入所条件が異なり、サービスも多様であることから、一般の人はなかなかそこから自分や家族に合った施設を見つけることはたいへんです。また、同条件の施設であっても、設備環境や施設内の雰囲気はそれぞれに異なりますから、納得のいく施設を探すのは一苦労となりましょう。

判断の基準の一つとして、私は『福祉サービス第三者事業』の活用をおすすめします。

『福祉サービス第三者事業』とは、保育所、指定介護老人福祉施設（特別養護老人ホーム）、障害者支援施設、社会的養護施設などについて、公正・中立な第三者機関による専門的・客観的な立場から評価する仕組みです。

理念・基本方針、経営状況の把握、事業計画の策定など組織的・計画的取り組みから、組織の運営管理、適切な福祉サービス、福祉サービスの質を確保するための取り組みなどについて調査員が細かくチェックして、その結果はホームページで公表していますので、誰でも閲覧することが可能です。

私も長年、福祉サービス第三者評価事業の評価調査員を務め、さまざまな施設を訪問して評価を行ってきました。まだまだ知名度が低いのがとても残念ですが、皆様にもぜひ活用していただきたい取り組みです。

海外の高齢者施設に学ぶ

医療や衛生環境、栄養などに恵まれた先進国では、多くの国が平均寿命は八十歳を超えており、高齢者の福祉は日本だけでなく多くの先進国にとっても共通する課題です。幸せな晩年を過ごせる、理想の高齢者施設とはどのようなものかを考えてみました。

まず共感したのが、認定NPO法人フローレンスのホームページで紹介されていた、高齢者施設です。オランダにある視察レポートで、「ホーフウェイ」と呼ばれる認知症の高齢者の方々を対象とした高齢者施設なのですが、病院や老人ホームのように単一の建物や施設ではなく、ビレッジ型と呼ばれる一定のエリア内で居住する住居で、買い物やレクリエーションができるお店などが併設されています。住居には六〜七人の入居者が、介護ス

みんなで集えるように、公園のような出入りが自由なホールスペースも用意します。

介護・認知症予防対策として、自立した生活を主眼に置いた利用者それぞれに合った独自のカリキュラムを作ります。また共有スペースにはリハビリ用のマシーンを整えたリハビリ室や、趣味や娯楽を楽しめるように娯楽室を充実させます。

さらに大事なこととして、地域に開かれた施設とすること。スペースの一角に誰もが利用できる日帰り温泉やコインランドリー、飲食店などにも入ってもらい、地域の方たちが気軽に立ち寄れる場所にします。

高齢者施設をポツンと閉ざされたものにするのではなく、地域に開かれた施設にすることで高齢者と地域の人々との交流も増え、互いに助け合う社会の実現へとつながっていきます。私が設計士と共につくった「世界に誇れる老人ホーム」構想もできあがっています。

提言10

――地域――

町内会の健全な活動が地域を元気にする基盤となる。

町内会が危ない！

町内会（自治会を含む）の歴史は昭和十年代までさかのぼります。日中戦争が始まり戦時下となった日本で、住民を基礎とする地域的組織づくりを目的に、町内会、部落会が結成されたのが始まりと言われています。第二次世界大戦の敗北で町内会や部落会などの集まりが禁じられたことから消滅しましたが、戦後の民主化政策のもとで改めて自治組織として再結成化されました。

日本が復興し、経済発展をしていく中で、町内会は地域の中でさまざまな役割を果たしていくようになります。ごみ集積所の設置や維持管理、道路や公園の清掃活動、交通安全や防犯のためのパトロールなど、地域と深く関わりながら人々の生活改善に大きく貢献してきたのです。

現在、町内会の定義は、一定の区域に住所を有するなどして地縁に基づいて形成された団体（自治会、町内会、町会、区会、区など）を言い、区域の住民相互の連絡、環境の整備、集会施設の維持管理等、良好な地域社会の維持を目的としています。
主だった活動としては、夏祭り（盆踊り）、敬老、成人、七五三などの祝い、運動会、ラジオ体操、高齢者サロンなどの「交流・お祝い」。防災訓練、防犯灯の設置、防犯パトロール、交通安全などの「防災・防犯」。子どもの登下校の見守り活動、子ども会活動の支援、あいさつ運動などの「青少年健全育成」。その他、清掃活動、資源回収、回覧板、情報共有、行政機関への要望などがあげられます。
地域のつながりはさらに子ども会や老人会、消防団などそれぞれ異なる目的の活動を生み、あるいは地域で伝統的に行われてきたお祭りなども町内会の役員等が担ってまちを盛り上げるなど、各年齢層での交流や地域の一体感を高めることで、まちの活性化にもつながっていきました。昭和生まれの皆さんなら、生まれ故郷の思い出は、そうした地域との関わりの中にあるのではないでしょうか
しかし近年、核家族化や単身世帯が増え、さらに少子高齢化がすすむことによって地域での人々の交流が減りつつあります。また、そうした活動は単身世帯や子どものいない世帯にはあまり関心のない活動も多く、わざわざ会費を払って町内会に入るメリットはないと、入会を拒否する人も増えてきています。

協力し合って良いまちづくりをしようという意識が薄れ、むしろそうした活動を強要されるのは迷惑だと、〝町内会不要論〟が年々多く聞かれるようになってきました。

人々の自分たちの暮らす地域に対する考え方に、大きな変化が生じていることを痛感せずにはいられません。

地域の安心のネットワークづくり

昔は、家の前の道に落ち葉やゴミが落ちていると、その家に住んでいる人がほうきとちり取りを持って出てきてきれいに掃いて、ついでにちょっとお隣やお向かいさんの家の前まで掃除します。すると翌日はお隣の人も気を利かせて家の周辺をきれいに掃いて、いつもすっきりときれいなまちが保たれていました。

今はみんな忙しいからでしょうか。ご近所の人がほうきやちり取りを持って、道を掃除している姿はほとんど見られなくなりました。ですからゴミやタバコの吸い殻が誰にも拾われずに落ちっぱなしの道も少なくありません。

小さなことでも、私たち一人ひとりができることを少しずつやれば、私たちの住むまちがもっとよくなるのになぁと思うことが少なくありません。そうしたことを協力し合って仲間と一緒にやりましょうという団体が、私は町内会だと思っています。

区役所に行くと、『町内会・自治会運営ハンドブック』という冊子が置いてあります。そこには町内会の魅力として次のようなものが挙げられています。

［町内会・自治会の４つのキーワード］

その１　……地域とのつながり

その２　……〝いざ〟という時の安心感

その３　……身近な協力者

その４　……お互いさま意識

［町内会・自治会　加入のメリット］

・地域とのつながりが生まれる。

・地域の情報が簡単・確実に得られる。

・自主防災組織等の行う災害対策に参加できる。
・町内会・自治体という組織を通じて行政に要望ができる。
・ご近所同士の顔見知りの関係ができ、防災・交通安全・福祉など、身近な協力者が得られる。
・子どもの健全育成（楽しい行事への参加・新しい友達ができる）

このように町内会は、人と人との交流を生んで、そのつながりから暮らしやすいまちづくりを目指すものです。

最近は、隣近所の人とのお付き合いはほとんどしない、という家庭も少なくないかもしれませんが、そうした時代だからこそ、町内会を見直してほしいと考えています。

特に近年、地震や台風など、これまでに経験したことのないような自然災害が毎年のように日本各地で起こっています。そうした災害では、やはり地域の助け合いというものがとても重要になってきます。

特に高齢者のいる家庭、小さな子どものいる家庭では、家族以外にもまわりに大人の目があることが、安心につながっていきます。

ご近所のおじいちゃんが一人で歩いているけど、大丈夫だろうか。学校帰りに道草しているけれど、きちんと家に帰るかしら。見かけたことのない人がいるけど、何をしているのだろう。

町内会の活動を通じて住民同士が顔の見えるお付き合いをしていれば、ふだんのくらしの中でのちょっとした違和感が、事件や事故を防ぎ、安全な暮らしを守ることにもつながっていきます。町内会によって地域住民のネットワークを広げていくことが、暮らしよいまちづくりの大きな役割を果たしているといえましょう。

した。

民生委員は民生委員法によって「常に住民の立場に立って相談に応じ、及び必要な援助を行い、もって社会福祉の増進に努める社会奉仕者であり」、厚生労働大臣から委嘱された非常勤の地方公務員と規定されています。

民生委員の職務は、民生委員法第十四条で、次のように規定されています。

一　住民の生活状態を必要に応じ適切に把握しておくこと
二　生活に関する相談に応じ、助言その他の援助を行うこと
三　福祉サービスを適切に利用するために必要な情報の提供、その他の援助を行うこと
四　社会福祉事業者と密接に連携し、その事業又は活動を支援すること
五　福祉事務所その他の関係行政機関の業務に協力すること
六　その他、住民の福祉の増進を図るための活動を行うこと

また、民生委員は児童福祉法に基づき児童委員を兼ねていて、児童委員・主任児童委員の職務について児童福祉法第十七条では次のように規定されています。

《児童委員》

一　児童及び妊産婦につき、その生活及び取り巻く環境の状況を適切に把握しておくこと

二　児童及び妊産婦につき、その保護、保健その他福祉に関し、サービスを適切に利用するために必要な情報の提供その他の援助及び指導を行うこと

三　児童及び妊産婦に係る社会福祉を目的とする事業を経営する者又は児童の健やかな育成に関する活動を行う者と密接に連携し、その事業又は活動を支援すること

四　児童福祉司又は福祉事務所の社会福祉主事の行う職務に協力すること

五　児童の健やかな育成に関する気運の醸成に努めること

六　その他、必要に応じて、児童及び妊産婦の福祉の増進を図るための活動を行うこと

《主任児童委員》

一　児童の福祉に関する機関と区域を担当する児童委員との連絡調整を行うこと

二　区域を担当する児童委員の活動に対する援助及び協力を行うこと

先に紹介したように民生委員・児童委員の歴史は古くは百年以上も前に遡り、法律が制定されてからも八十年近くにもなります。その長い歴史の中で、民生委員・児童委員としての役割を担った人たちは、個人だけではなかなか解決ができない生活困窮や病気、介護などさまざまな問題に手を差し伸べ、相談に応じて、必要な支援が受けられるようサポートしたり、専門機関との橋渡し役になっています。また訪問活動によって、高齢者や障がい者の安否確認や見守りなども担ってきました。

長く地域に貢献してきた民生委員の存在があってこそ、これまで日本の福祉はずっと守られてきたのです。

民生委員のなり手がいない!?

実は私は四十歳の時から二十七年間、民生委員・児童委員をしていました。特に五十代以降からは地域での民生委員・児童委員の職務に加え、地元の民生委員会連盟の支部で、支部長、幹事、理事、監事を務めさせていただきました。このように長年、民生委員・児童委員の役割を担ってきたからこそ、いろいろな問題に直面することが多くありました。だからこそ今、民生委員・児童委員のなり手不足が言われていますが、その理由も理解することができます。

民生委員は「社会奉仕の精神をもって、常に住民の立場に立って相談に応じ、必要な援助を行うことで、社会福祉の増進に務めること」がその責務です。ですから私たちも奉仕の精神で困っている人たちの助けに少しでもなればと活動をしてきました。

しかし一般的なボランティア活動とは異なり、公務員職に含まれる民生委員・児童委員の職務にはさまざまな制約があります。私がこの職務にあった時、「訪問先の家では部屋に上がってはいけません」「お茶を出されても飲んではいけません」「物をもらってはいけません」と厳しく言い渡されていました。

しかし実際に高齢者の方の家などを訪問すると、「ちょうどよかった、棚の上の箱が取れないので取ってほしい」「話し相手が欲しかった。ちょっとお茶でも飲んでいきなさい」「いただきものの美味しいお菓子があるよ。一つ持っていきなさい」などと声をかけられることは度々ありました。こうしたことすべてに、「ごめんなさい。ルールですのでできません」と断っていたら、この人は人の善意がわからないと、せっかく築いた信頼も失ってしまうことになりかねません。

こんな出来事もありました。高齢の一人暮らしの女性がご近所さんたちと日帰りのバスツアーに参加。お土産だと言って私にキーホルダーをくれました。ツアーで立ち寄ったお店で周りの人たちは家族や友達にお土産を買っているのに、その人にはお土産を買っても渡す人がいません。それで月に二回ほど定期的に通っていた民生委員の私の顔が思い浮かび、お土産を選んでくれたのです。せっかくのご厚意に、「民生委員は物をもらえません。お断りします」と言えるでしょうか。

こんな出来事もありました。高齢者のご夫婦から夜中に電話がありました。「ストーブがぼうぼう燃えていて消せない」と言うのです。火事になってはたいへんと急いでその家に行き、部屋に飛び込むとストーブから赤い炎がめらめらと燃えさかっています。さぁたいへんと私は走り寄って、ストーブを消しました。「今日はもうストーブを点けずに寝てください。明日、電気屋さんに見てもらいましょうね」と言って、その夜は家を後にしました。これでも部屋に上がってはいけないというのでしょうか。翌日、隣の市に住む娘さんから、お礼の電話が入りました。

民生委員・児童委員は人と人とのお付き合い、信頼関係が成り立ってこそ、さまざまな問題への解決の道筋が開かれるのです。それなのにルールにがんじがらめになっては、こうした信頼関係を築くのはとても難しいこととなります。民生委員・児童委員本人も、いろいろな決まり事をどのように守るべきかと悩んでしまうと、無駄な心労、ストレスにもなりかねません。

民生委員・児童委員のなり手不足の理由は他にもあります。民生委員・児童委員は奉仕者（ボランティア）の位置づけのため、国から給与は支払われず無報酬です。ただし自治体から交通費・通信費・研修参加費などに対しては、活動費用の弁償費が交付されます。交付額は地方自治体によって異なりますが、概ね一人一年間当たり全国平均で八万円以下。月額にすると六千七百円程度です。求められる活動の労力や責任の重さの対価としては、驚くべき低さであると言わずにはおれません。

また近年では、個人情報保護の意識の高まりからの活動の難しさも言われています。もともと民生委員・児童委員には守秘義務が課されているため、要援護者の情報などの必要な情報は提供されてしかるべきなのですが、市区町村や所属する民生委員児童委員協議会（民児協）から適切な情報が得られていない場合が多くあります。

今、民生委員・児童委員のなり手がいないという理由も、たいへんなことばかりが多くて、それに見合った評価が得られないことが原因だと思います。

世の中の人たちがもっと民生委員・児童委員の活動を理解し、評価してくれることが、当事者たちのやりがいとなります。そして生き生きと民生委員の活動をされている人たちの姿が多くの人たちの目に留まれば、自分も民生委員・児童委員になりたいと思ってくれる人が増えていく、というのが理想です。

縁の下の力持ち、陰の支援者としてではなく、民生委員・児童委員がもっと脚光を浴びることが、地域にとってもとても大事なことだと考えられます。

提言12

――地域――

日本式「地域委員会」の実現が、〝地域〟の再生化と活性化を現実のものとする。

「地域委員会」のはじまり

もう十五年以上も前のことですが、名古屋市の前市長の松原武久氏と共にアメリカへ行き、ロサンゼルスで実際に行われていた市民活動の取り組みを視察してとても感銘を受けました。

ロサンゼルス市政では〝地域のことは地域で決める〟という理念のもと、投票で選ばれた市民が地域課題を解決するために公開の場で話し合い、市から予算の提供を受けて活動を行っておりました。その活動を見学することで、市民の地域の活動について深く学ぶことができ、こうした取り組みが地元の名古屋でも実践できたらいいなぁと、帰国後は区役所改革室にその内容を報告しました。

名古屋市で「地域委員会」活動が動き出した発端は、ここにあったと私は考えています。

二〇〇九（平成二十一）年の名古屋市市長選挙では、候補者の河村たかし氏が「地域に選ばれたボランティア委員による地域委員会（仮称）を設置する」ことをマニフェストとして打ち出し、初当選を果たしました。

こうして動き出した「地域委員会」の活動のねらいは、地域のことを地域で考え、みんなで議論して、地域の困り事などをあぶりだし、地域をより良くすること。その基本的な考え方は、ロサンゼルスの市民の活動にも重なります。

名古屋市では河村市長の公約通り、二〇〇九（平成二十一）年からモデル事業として取り組みがスタートし、委員の選出、モデル地域の選定を行い、市議会で地域予算案も可決しました。

モデル地区として選ばれた地域では、「歴史的建造物を活かしたまちづくり」「街頭犯罪を防止し、平和で長寿なまちづくり」「山崎川の環境美化活動を通じたまちづくり」などが採用され、予算の上限は一千万円で活動が行われましたが、その後この活動はさまざまな問題が指摘され、二〇一四（平成二十六）年に終了しています。

この取り組みが失敗した理由としては、区域が学区に限られていたこと。公募委員は選挙によって選ばれますが、投票人は自己申請によって決められたため、その人数は対象者の一割しかおらず、民主的な投票とはいえなかったこと。準備期間、検討期間が短く、十分な成果が引き出せなかったことなどが挙げられます。

地域の問題を地域で解決する、という理念はとても素晴らしかったのですが、それを具現化するためにはまだまだ準備が整わず、苦い記憶が残る出来事でした。

国による「地域運営組織」の取り組み

「地域委員会」の復活はあるのでしょうか。今後の「地域委員会」の可能性について、一つの指標となる試みが総務省の提唱する「地域運営組織」であると私は考えています。

総務省の「地域運営組織」は、「地域の暮らしを守るため、地域で暮らす人々が中心となって形成され、地域内の様々な関係主体が参加する協議組織が定めた地域経営の指針に基づき、地域課題の解決に向けた取組を持続的に実践する組織」と定義されています。

「地域運営組織」の活動のイメージとしては、自治体、ＰＴＡ、婦人会、社会福祉協議会等のメンバーが参加する総会で地域課題を共有し、解決方法を検討します。さらに地域課題解決に向けた取り組みを実践していく、という流れになります。

実行部隊としては、組織内のメンバーが担当するだけでなく、ＮＰＯ法人や企業、任意団体などの活用も含めて考えられます。

活動例としては、総合的なものとして市区町村役場の窓口代行や公的施設の維持管理（指定管理など）等、生活支援関係ではコミュニティバスの運行、送迎サービス、雪かき・雪下ろし、家事支援、弁当配達・給配食サービス、買物支援、交流事業（子育て、親子、多世代）、相談の場の確保等、高齢者福祉関係では声かけ・見守り、高齢者交流サービス等、子育て支援関係では保育サービス、一時預かり、子どもの居場所づくり、登下校時の見守り、子ども食堂、学習支援等、地域産業関係では体験交流事業、名産品・特産品の加工・販売（直売所の設置・運営など）、農林水産業等に関する資源管理等、財産管理関係では空き家や里山の維持・管理等が挙げられています。

特に人口減少、過疎化がすすむ地域でのお年寄りの方々を中心とした生活支援が活動の対象となっていますが、これからはどんどんこうした地域が増えていく中で、地域力が問われていることがわかります。

地域が元気であること、地域につながりがあることが人々の暮らしを守るためにはとても重要なことなのです。

日本の未来に必要な地域活動とは

国の活動、各自治体の取り組みを見ても、日本の人口がどんどん減って、働き手が少なくなっていく時代に私たちの生活を維持させていくために、〝地域〟の在り方が問われていることがわかります。

私は名古屋市が行った「地域委員会」の取り組みが、改めて見直される時代になったと感じています。名古屋市の取り組みの失敗は、私自身がこの経緯を見守っていた中で、市が財源や権限などを渡さなかったことが問題ではないかと考えました。ロサンゼルスの例では、市民たちに自由にお金を使える権限が与えられていましたが、名古屋市の地域委員会では市民にそうした権限は与えられず、行政に一つ一つお伺いを立てながら取り組む活動となっており、市民の自主活動とはいいがたいものでした。

今後は住民が中心となって、この地域にとって本当に求められるものは何なのかを住民自身が考え、住民たちの判断でお金の使い方を決め、住民自らが動いて実現する。そうした活動こそが、自分たちが暮らすまちにとって本当に必要なことが実現できる道なのではないでしょうか。

今こそ、住民による、住民のための「地域委員会」の復活を望みます。

おわりに

子どもは生まれた時は純白で、なんの汚れもありません。それが成長と共に少しずつさまざまな色に染まり、変化していきます。

純白に色を付けていくのは何でしょう。親であり、先生であり、それ以外のまわりの大人たちです。こうして子どもはさまざまな人たちと接しながら大人への階段を上っていくのであれば、その環境はできるだけ豊かで、明るく、正しいものであるべきです。

私が願う幸せな日本の未来。それは今を生きる、これから生まれてくる子どもたちが、生きていてよかった、生まれてきてよかったと思える日本であることです。そのために私たちができることは、子どもたちが生きやすい場所をつくること。それが〝地域〟にこだわる私の理由です。

〝地域〟という言葉は、地元、あるいは故郷という言葉に置き換えてもいいかもしれません。私のこだわる〝地域意識〟には、自分の暮らしている場所を改めて大切な地域であることを意識してほしいという願いを込めてあります。そして同じ地域に暮らす人々と協力し合いながら、広い視野でもっと良い地域づくりにするための努力をして、後世につないでいってほしいというのが私の思いです。

こんな日本になったらいいな……。

誰もが日本の未来に夢や希望を持っているはずです。その思いを頭の中で考えるだけでなく、まずはあなたの身の回りから行動に起こしてみませんか。

〝地域〟という言葉の中には、たくさんの未来への希望が輝いています。それを活かすも殺すも私たち次第。幸せな日本の未来のために、まず一歩を踏み出しましょう。

二〇二五年三月

希望多老人こと小野碩鳳

【著者の既刊本】

●名古屋の世話焼きおじさん　ボランティアを語る

●老後まで安心して生きるヒント教えます

～制度や施策を知れば、生き方も変わる～

●楽しいサロン活用法

【二〇二五年春　刊行予定】

●子どもの絵本　ひまわり

著者プロフィール

希望多老人（きぼうたろうじん）

元社会福祉法人理事長・施設長
《相談内容》
施設運営関係・有料老人ホーム（高齢者施設の現況と課題の取組）・社会福祉法人新会計・福祉サービス第三者評価事業受審指導・アドバイス・福祉サービス・外部監査（税務・社労・司法書士紹介）・その他　福祉全般（相談・支援・指導）・サロン支援・パソコン教室・便利屋相談・南京市市民交流・広州市「名誉顧問」
《活動関係》
草野球：迷プレーヤー、監督、愛知県連　公認審判員・緑区生涯創年生涯現役推進会・なごやふくしコンサルタント協会（中国でも活動）・名古屋市違反広告物追放推進員・終活ライフケアプランナー・愛犬飼育管理士ペット看護・まちづくりコーディネーター地域サービス向上委員会・旅のもてなしプロデューサー・愛知県まちの達人・地域推進員（さわやか財団）・人にやさしい街づくりアドバイザー・青少年育成アドバイザー・介護予防関係の高齢者サロンの支援・あいさつ運動

ご近所みんなで円満家庭　―日々の幸せをつくる 12 の提言―

2025年 3 月15日　初版第 1 刷発行

著　者　希望多老人
発行者　瓜谷 綱延
発行所　株式会社文芸社
〒160-0022　東京都新宿区新宿1－10－1
電話　03-5369-3060（代表）
03-5369-2299（販売）

印刷所　株式会社フクイン

ISBN978-4-286-25784-6